CONSTITUTION

ET

RÈGLEMENT JUDICIAIRE

DE LA

GRANDE LOGE SYMBOLIQUE

DE FRANCE

SECRÉTARIAT GÉNÉRAL

5, Rue Payenne, 5

1894

CONSTITUTION

ET

RÈGLEMENT JUDICIAIRE

DE LA

GRANDE LOGE SYMBOLIQUE

DE FRANCE

SECRÉTARIAT GÉNÉRAL

5, Rue Payenne, 5

1894

DÉCRET

Au nom de l'Assemblée des Députés à la Grande Loge Symbolique de France.

La Commission exécutive promulgue le décret dont la teneur suit :

Vu les demandes de révision à la présente Constitution, formées par plusieurs Députés;

Vu le vote définitif émis par l'Assemblée des Députés dans sa séance du 12 Février 1894;

ARTICLE PREMIER — La Constitution de la Grande Loge Symbolique de France, révisée par l'Assemblée des Députés, est exécutoire à partir de ce Jour, dans ses termes nouveaux.

ART. 2 — Le Règlement judiciaire, promulgué par Décret du 10 Novembre 1884 et annexé à la Constitution, est également exécutoire conformément aux modifications votées le 12 Février 1894.

Fait à l'Orient de Paris, le 14 Février 1894.

La Commission exécutive :

MAMELLE LANDRY FRIQUET

DEBOUZY LEFEBVRE ROSENWALD

Pour ampliation conforme,

Le Secrétaire général de la G∴ L∴ S∴ de Fr∴

GEORGES FONTAINE.

CONSTITUTION

DE LA

GRANDE LOGE SYMBOLIQUE

DE FRANCE

DÉCLARATION DE PRINCIPES

La Franc-Maçonnerie a pour base la solidarité humaine.

En toute circonstance, les Maçons se doivent aide, protection et assistance, même au péril de leur vie.

Le Franc-Maçon doit toujours se souvenir que tout homme, même non Maçon, est son frère.

La Franc-Maçonnerie a pour but le perfectionnement moral de l'humanité, pour moyens l'amélioration constante de sa situation matérielle et intellectuelle.

La Franc-Maçonnerie a pour devise :

Liberté, Egalité, Fraternité.

Elle est l'école pratique, le temple d'enseignement

de ces trois principes fondamentaux de toute association d'hommes qui veut la justice et le progrès.

La Franc-Maçonnerie n'impose aucune limite à la recherche de la vérité, et c'est pour garantir à tous cette liberté complète de la pensée dans toutes les directions de l'esprit, qu'elle exige la tolérance de toutes les opinions.

Elle est ouverte aux hommes de toutes nationalités, de toutes races et de toutes croyances. Elle ne leur demande que d'être libres et de bonnes mœurs. Elle fait appel à toutes les bonnes volontés et accepte le concours de tous ceux qui croient que des efforts isolés ne peuvent rien produire de fécond.

Bien penser, bien dire, bien faire ; poursuivre la recherche de la vérité ; apprendre dans les temples la pratique des idées de liberté, d'égalite et de fraternité pour les mettre en œuvre dans la vie profane ; aider au développement progressif de l'humanité par l'étude théorique de tous les grands problèmes sociaux et moraux, par la propagande maçonnique, par les écrits et les livres, tels sont les devoirs que la Franc-Maçonnerie prescrit à tous ses Membres.

Elle prescrit en outre à tous ses adeptes, comme Citoyens et comme Maçons, d'être prêts à tous les sacrifices que demanderait leur pays.

CHAPITRE PREMIER

DE LA GRANDE LOGE SYMBOLIQUE

Article premier

La souveraineté maçonnique réside dans l'universalité des Maçons actifs de la Confédération. Cette souveraineté est absolue et inaliénable.

Article 2

La Maçonnerie symbolique est organisée d'après ce principe :

Le Maçon libre dans la Loge libre.

Chaque Loge est en possession de son autonomie en se conformant à la Constitution.

Article 3

Les intérêts collectifs des Loges confédérées sont administrés par une autorité centrale portant le titre de Grande Loge Symbolique de France.

Article 4

La Grande Loge Symbolique de France se compose des Députés nommés annuellement par les Loges à raison de *un* Député pour chaque Atelier comprenant 50 Membres ou moins de 50 Membres, *deux* Députés pour les Ateliers comprenant de 51 à 100 Membres et au-delà de 100 Membres, à raison de un Député en plus pour chaque fraction de 100 Membres.

Les Loges de province, des colonies ou de l'étranger pourront, quand elles le jugeront utile, déléguer un de leurs Membres auprès de la Grande Loge Symbolique. Ces Délégués auront voix consultative seulement.

Article 5

Les Députés doivent être, pour les Loges de l'Orient de Paris, choisis parmis leurs Membres actifs ; les Orients de la province ou de l'étranger pourront nommer, comme leurs représentants, les Maçons qu'il leur conviendra de choisir, à condition qu'ils soient Membres actifs d'un Atel.·. de la Confédération, revêtus du grade de Maître depuis plus d'une année, et ayant vingt-cinq ans révolus. — Un Député ne peut représenter qu'un Atel.·.

Article 6

Le siège de la Grande Loge Symbolique de France est à Paris.

Une Commission exécutive composée de six Membres élus et renouvelés comme il est indiqué ci-après, représente pour les affaires administratives la Confédération près les autorités civiles et les puissances maçonniques étrangères.

Elle propose à la Grande Loge Symbolique les nominations des représentants près les puissances maçonniques étrangères.

La Commission exécutive promulgue les décrets et les décisions de la Grande Loge Symbolique.

Toutefois, lorsque l'urgence aura été déclarée sur une proposition, la Commission exécutive pourra, à la séance suivante, demander, si elle le croit utile, une seconde délibération.

Article 7

La Commission exécutive administre les affaires de la Confédération, conformément aux décisions de la Grande Loge Symbolique et lui rend compte de ses actes.

Elle rédige le projet de budget et le soumet à la Grande Loge Symbolique.

Les Membres de la Commission exécutive ne peuvent occuper aucun des offices de la Grande Loge Symbolique.

La fonction de Membre de la Commission exécutive pourra être donnée à des Maçons non Députés.

Les Membres de la Commission exécutive sortant

de fonctions ne pourront en faire partie de nouveau avant une année d'intervalle.

Article 8

La Grande Loge Symbolique de France connaît de tout ce qui intéresse les Atel∴ de la Correspondance.

La Grande Loge Symbolique statue sur toutes demandes en constitutions, mises en sommeil et déclarations de réveil des Ateliers, validité des élections, règlements particuliers, en un mot, sur tout ce qui a rapport aux actes d'administration.

Elle vote les propositions de modifications à la Constitution et aux Règlements, ainsi que le budget des recettes et des dépenses prévues.

Elle fixe son ordre du jour, la date de ses séances et nomme son Bureau.

Elle nomme les Membres de la Commission exécutive pour trois ans, mais renouvelables par tiers chaque année. Cette élection a lieu au scrutin secret.

Article 9

En cas de décès ou de démission d'un ou de plusieurs Membres de la Commission exécutive pendant l'exercice maçonnique, la Grande Loge Symbolique pourvoiera au remplacement pour la période restant à courir.

Dans le cas où la Commission exécutive n'appliquerait pas une ou plusieurs décisions votées par la Grande Loge Symbolique, celle-ci pourra, après une mise en demeure non suivie d'effet, déclarer les Membres de ladite Commission déchus de leur mandat et leur nommer des successeurs.

Article 10

Les élections des Députés à la Grande Loge Symbo-

lique ont lieu dans chaque Atelier tous les ans au mois
de novembre.

Article 11

A la première séance qui suivra l'élection des
Députés, la Grande Loge Symbolique procédera à la
vérification des pouvoirs et à l'élection de ses Officiers.

Les Membres de la Commission exécutive seront
nommés à la même séance.

Dans cette séance, les Membres sortants rendront
compte de l'exercice de leur mandat et feront connaître
les travaux de l'année écoulée.

Article 12

Les séances de la Grande Loge Symbolique sont
publiques pour les Maçons de tous grades et de tous
rites, mais ils ne peuvent prendre part aux délibérations.

Toutefois cette assemblée, au cours d'une séance,
pourra, pour un objet spécial et suivant décision de la
majorité de ses Membres, se constituer exceptionnelle-
ment en tenue de Comité.

CHAPITRE II

DES RELATIONS AVEC LES SOCIÉTÉS MAÇONNIQUES ET LES DIFFÉRENTS RITES

Article 13

La Grande Loge Symbolique de France déclare
professer un respect absolu pour les antiques traditions
de la Maçonnerie, mais elle entend apporter un soin
constant à appliquer l'esprit et non la lettre des règles
et des traditions du passé.

Article 14

Chacun des Atel.·. de la Confédération maintient l'ordre, les signes, les attouchements, les mots sacrés, les mots de passe existant actuellement dans le rite qu'il a adopté, ainsi que l'usage d'un mot de semestre spécial à la Grande Loge Symbolique.

Article 15

La Grande Loge Symbolique n'administre que les trois premiers degrés de la Maçonnerie. Elle reconnaît aux Sup.·. Cons.·. le droit d'accorder et de réglementer les grades supérieurs du 4e au 33e.

Article 16

Elle laisse la plus complète liberté à ceux des Membres de la Confédération qui croient devoir poursuivre leur carrière maçonnique et faire partie d'Ateliers supérieurs au 3e degré.

Article 17

Elle refuse toute prérogative aux FF.·. revêtus des hauts grades, mais les admet dans les Ateliers symboliques sur le pied de la plus complète égalité.

Article 18

La Grande Loge Symbolique de France, dans le but d'établir des relations fraternelles avec les Maçons de tous les rites, accorde le droit de visite à tous les FF.·., même en cas de non réciprocité de la part de l'obédience à laquelle ces FF.·. appartiennent.

CHAPITRE III

DES MAÇONS

Article 19

Pour être reçu Maçon, il faut avoir vingt et un ans révolus à moins d'être fils de Maçon ; dans ce dernier cas, le premier degré peut être conféré à dix-huit ans accomplis, mais le troisième à vingt et un ans seulement.

Article 20

Toute demande d'initiation doit être appuyée par un Membre actif de l'Atel.·.

Elle donne toujours lieu à une enquête faite par trois FF.·. au moins délégués par le Vén.·. Tout Membre de l'Atel.·. a le droit de prendre tous les renseignements qu'il lui convient, même sans être commissaire.

Article 21

Le résultat de ces enquêtes est communiqué en tenue solennelle, l'ordre du jour en faisant spécialement mention ; tout Maçon présent a droit de faire des observations et de prendre part aux scrutins relatifs à l'admission.

Les demandes d'initiation sont soumises à trois tours de scrutin qui ne peuvent avoir lieu qu'à des jours différents.

Article 22

Le profane admis à l'initiation subit, conformément au Règlement particulier de l'Atel.·., des épreuves morales avec ou sans épreuves physiques.

Aucun Atel∴ ne pourra procéder à une initiation :

1º Si les trois rapports exigés par l'art. 20 ne sont pas parvenus ;

2º Si l'ordre du jour n'en fait pas mention ;

3º Avant d'en avoir obtenu l'autorisation, signifiée par le Secrétariat général de la Grande Loge Symb∴

Article 23

Tout Maçon dans sa Loge a le droit de faire des propositions et de prendre part à tous les travaux et délibérations en tenue de son grade.

Le même droit appartient aux FF∴ visiteurs, sauf en ce qui concerne l'administration intérieure de la Loge.

Article 24

Tout Maçon a le droit de publier ses opinions par la parole ou par l'écrit.

Article 25

Tout Maçon revêtu du grade de Maître peut être élu aux offices de l'Atel∴ dont il est Membre actif.

Article 26

Une Loge peut conférer le titre de Membre honoraire à tout Maçon âgé et ayant rendu des services à sa Loge et à la Maçonnerie en général.

Article 27

Tout Maçon actif doit payer les redevances annuelles fixées par le Règlement de son Atel∴

Les Membres honoraires sont dispensés des cotisations, mais ils ne peuvent pas prendre part aux délibérations et aux votes qui intéressent les finances de l'Atel.·.

Ils ne peuvent prendre part aux élections qu'à condition qu'ils aient assisté à six tenues pendant l'année.

Dans aucun cas les Membres honoraires ne peuvent être éligibles aux offices de leur Atel.·.

Article 28

Le caractère maçonnique, indélébile de sa nature, est cependant enlevé : 1º à ceux qui ont encouru des peines infamantes ; 2º à ceux qui ont été exclus par un jugement de leur Atel.·. devenu définitif.

CHAPITRE IV

DES ATELIERS

Article 29

Pour obtenir l'autorisation de former un Atel.·. symbolique, il faut une réunion de sept Maçons au moins possédant le grade de Maître, pourvus du quitus de leurs LL.·.

Article 30

Toute demande de constitution de Loge est soumise à la Grande Loge Symbolique par l'intermédiaire de la Commission exécutive. Cette demande, après enquête par une Commission spéciale, est examinée à la Grande Loge Symbolique. La Commission exécutive prend, de concert avec le nouvel Atel.·., les mesures d'ordre pour son installation.

Article 31

Les Loges déjà constituées qui voudront faire partie

de la Confédération, en feront la demande à la Grande Loge Symbolique.

Elles n'auront besoin ni d'investiture, ni d'installation nouvelle. Leurs Membres devront seulement présenter leurs titres et papiers maç∴ au Secrétariat général de la Grande Loge Symbolique, afin de les y faire viser et timbrer du sceau de la Confédération.

Article 32

Les Loges confédérées devront établir chacune leur Règlement particulier qui sera soumis à la Grande Loge Symbolique de France, laquelle examinera s'il est conforme à la présente Constitution.

Article 33

Les Ateliers peuvent publier leurs travaux ; ils ont droit de distribuer sans autorisation préalable toute brochure, circulaire ou planche, à condition toutefois que ces documents aient rapport à des questions maçonniques.

Ils devront en transmettre trois exemplaires pour les archives de la Grande Loge Symbolique.

Article 34

Les Ateliers peuvent s'affilier entre eux. Ils ont le droit de correspondre directement, de s'entendre pour organiser des tenues blanches, banquets, conférences, fêtes autorisées par l'administration civile. Ils peuvent se réunir et délibérer collectivement sur des questions intéressant la Maçonnerie.

Article 35

Toute Loge en retard de ses redevances à la Grande Loge Symbolique sera prévenue à la fin de chaque trimestre, qu'elle doit se mettre à jour avec le trésor.

Après trois avertissements restés sans résultats, la Loge ne pourra plus être représentée au sein de la Grande Loge Symbolique.

Article 36

Les Loges sont dirigées par des Officiers élus conformément aux règles ordinaires du suffrage universel direct.

Leurs fonctions durent un an et ne peuvent durer plus de trois années consécutives.

Ces Officiers sont désignés et leurs attributions définies aux articles suivants :

Article 37

Le Vén.·. est le chef élu de la Loge. Il représente officiellement l'Atel.·. en toutes circonstances. Il préside les travaux dans toutes les tenues ; il signe tous les actes émanant de l'Atel.·. et toutes les pièces administratives.

Pour être éligible aux fonctions de Vén.·., sauf pour les LL.·. ayant moins de trois années d'existence, il faut être Maître depuis trois ans au moins, être Membre actif de l'Atel.·. depuis plus d'un an, avoir déjà été Off.·. ou Député de la Loge, et compter vingt-cinq ans d'âge.

Article 38

Les Surveillants sont chargés de l'ordre et de la direction de leurs col.·. ; c'est à eux que chaque F.·. doit s'adresser pour avoir la parole.

Ils transmettent les annonces du Vén.·. et peuvent retirer la parole aux FF.·. qui la prendraient sans

l'avoir obtenue. Ils ne peuvent être repris en L.˙. que
par le Vén.˙.

Ils signent toutes les pièces officielles et remplacent
le Vén.˙. absent ou empêché.

Ils sont responsables de l'instruction des nouveaux
initiés.

Article 39

L'Orateur est l'organe de la loi ; il est chargé de
maintenir le respect dû aux Régl.˙. généraux de la
Confédération et au Régl.˙. particulier de l'Atel.˙.

Il porte la parole dans les cérémonies officielles au
nom de la L.˙.; il prononce l'oraison funèbre des FF.˙.
décédés.

Il donne ses conclusions, mais sans les motiver,
sur les affaires en discussion ; ce sont ces conclusions
qui sont mises aux voix.

Nul n'a le droit de prendre la parole après que
l'Orateur a fait connaître ses conclusions.

L'Orateur doit obtenir immédiatement la parole
quand il la demande dans l'intérêt de la loi. Il signe
les documents officiels.

Article 40

Le Secrétaire convoque les FF.˙. aux jours déterminés par la Loge pour les Tenues régulières. Il signe
« par mandement de la Loge » toutes les pl.˙. de
l'Atel.˙.

Il dresse et rédige tous les procès-verbaux et les
transcrit sur le registre d'architecture. Il réclame au
Secrétaire général de la Grande Loge Symbolique tous
les diplômes et actes. Il rédige par délégation du Vén.˙.
la correspondance de la Loge.

Article 41

Le Trésorier est dépositaire et gardien des métaux ;
il perçoit les cotisations fixées par l'Atel.·. Il ne peut
régler que les dépenses autorisées par la Loge.

Ses comptes sont vérifiés au moins une fois chaque
année.

Article 42

Les deux Experts sont chargés de tuiler les visiteurs. Ils répondent ainsi de la sûreté des travaux.

Ils ont pour mission spéciale la vérification et le
dépouillement des scrutins.

Le premier Expert préside l'Atel.·. en l'absence du
Vén.·. et des deux Surveillants.

Article 43

Les deux Maîtres des Cérémonies sont chargés de
faire les honneurs, au nom de l'Atel.·., aux visiteurs
et aux députations.

Article 44

Le Garde des Sceaux et des Archives est le dépositaire des sceaux, timbres et autres objets, ainsi que
des pièces ou documents de l'Atel.·. Cette fonction
peut être confiée au F.·. Secrét.·. dans l'intérêt de la
prompte expédition des affaires et du bon fonctionnement de l'administration de l'Atel.·.

Article 45

Les archives ou autres documents ne peuvent être
communiqués, avec l'autorisation du Vén.·., qu'aux
FF.·. de l'Atel.·. qui en donnent récépissé.

Article 46

L'Hospitalier est chargé de tous les actes de bienfaisance que fait la Loge Il peut accorder, en cas d'urgence, directement des secours aux FF.·. malheureux ; il est chargé de transmettre les sommes votées par la Loge.

A chaque Tenue il emporte le produit du tronc de bienfaisance ; il tient état de ses recettes et dépenses ; ses comptes sont vérifiés au moins une fois chaque année.

Article 47

Le Couvreur est chargé d'ouvrir la porte du Temple sur l'ordre du deuxième Surv.·.

Il ne doit laisser pénétrer dans le local qu'après avoir reçu le mot de semestre.

Article 48

Les Loges pourront également, si elles le jugent utile, nommer : un Architecte, Maître des Banquets, chargé de l'organisation des fêtes et des banquets ;

Un Porte-Etendard, etc., etc.

Article 49

Tous les Officiers doivent être revêtus du grade de Maître ; ils peuvent être aidés par des adjoints.

Les adjoints pourront être pris parmi les Apprentis et les Compagnons.

Article 50

Les Loges ont toute latitude pour combiner les attributions des divers Officiers, en vue de faciliter le fonctionnement administratif et d'assurer la prompte expédition des affaires.

Article 51

Le service des Loges doit être fait par des FF.˙. servants pris parmi les Maçons réguliers.

Chaque Loge fixe le nombre, le traitement et les attributions de ses servants.

Article 52

Le Vénérable sortant procède, à la Tenue qui suit les élections, à l'installation des nouveaux Officiers.

Les élections devront avoir lieu dans le mois de novembre.

Notification du résultat de ces élections sera faite immédiatement au Secrétariat général de la Grand Loge Symbolique.

Article 53

La Loge nomme un ou plusieurs Députés suivant le nombre de ses membres, conformément à l'art. 4.

Tout Député doit avoir plus de vingt-cinq ans d'âge et plus d'une année de Maîtrise. Cette fonction ne constituant pas un office réel au sein de l'Atel.˙., le Député peut être réélu indéfiniment.

Lorsqu'un Député aura manqué sans excuse reconnue valable à trois séances consécutives de la Grande Loge Symbolique, la Loge qu'il représente en sera informée par les soins du Secrétariat général, et pourra, si elle le juge convenable, procéder à son remplacement.

Article 54

Les Ateliers fixeront, dans leur Règlement particulier, la composition de leurs diverses Commissions permanentes pour l'année :

Commission d'administration ;

Commission de bienfaisance ;

Et autres s'il y a lieu.

Article 55

Les travaux maçonniques en Tenues solennelles seront ouverts et fermés conformément aux usages maç.·.

Article 56

Pour la collation des grades, les délais entre chacun des trois premiers degrés sont fixés ainsi qu'il suit :

De la proposition à la réception : Trois mois.

De la réception au Compagnonnage : Cinq mois.

Du 2e grade au 3e grade : Sept mois.

Toutefois, en cas d'urgence, des dispenses abrégeant les délais pourront être accordées. Les droits dûs pour cet objet seront à la charge des Ateliers auxquels appartiendront les FF.·. qui auront besoin de dispenses.

Article 57

Les demandes en augmentation de grade devront être contresignées par deux Maîtres ; elles ne seront admises] qu'après délibération de l'Atel.·. travaillant au grade du postulant.

Les augmentations de salaire ne devront être accordées qu'après constatation des connaissances maçonniques acquises par le candidat.

Article 58

Les Loges pourront admettre à l'affiliation des Maçons ayant quitté un autre Atelier, à condition qu'ils fussent Membres réguliers au moment de leur départ et qu'ils n'aient pas été exclus par jugement.

Article 59

Les Loges pourront rayer de leur tableau des Maçons en retard pour le paiement des cotisations.

Toutefois, cette radiation ne fait que suspendre l'usage des droits maç.·., le F.·. radié pour ce motif peut demander sa réintégration à l'Atel.·. auquel il appartenait ou son affiliation à une autre Loge, à condition de solder à son Atel.·. les sommes dues par lui au jour de sa radiation.

Article 60

Chaque Loge réglera elle-même les délais et la procédure qu'elle entend suivre en ce qui concerne :

Les radiations pour défaut de paiement ;

Les congés ;

Les démissions ;

Les affiliations ;

Les adoptions et protectorats ;

Les obsèques.

Article 61

Lorsqu'une Loge commettra des actes pouvant léser les intérêts collectifs des Loges confédérées ou étant contraires aux principes fondamentaux de la Maçonnerie et aux dispositions de la présente Constitution, la Commission exécutive pourra déférer cet Atelier à la Grande Loge Symbolique de France.

Article 62

La Grande Loge Symbolique de France pourra prononcer la suspension provisoire de l'Atel.·., mais cette suspension ne pourra excéder cinq mois.

Cette décision ne sera valable que si elle a été prise

par les deux tiers des Membres présents et seulement
après avoir entendu les Délégués de la Loge en leurs
moyens de défense.

Article 63

L'exclusion définitive de la Confédération pourra
être prononcée contre un Atelier par la Grande Loge
Symbolique, après trois délibérations prises à un mois
d'intervalle et à la majorité des deux tiers des Membres présents.

CHAPITRE V

DISPOSITIONS GÉNÉRALES. RÉVISION DES CONSTITUTIONS ET DES RÈGLEMENTS GÉNÉRAUX

Article 64

Il est pourvu aux frais de l'administration centrale
des Loges :

1º Par le prix des Constitutions accordées pour
l'installation des Loges ;

2º Par le prix de l'expédition des diplômes délivrés
aux Maç∴ ;

3º Par le prix des Rituels fournis aux Atel∴ ;

4º Par le produit des redevances annuelles des
Atel∴ ;

5º Par le produit des droits d'immatriculation ;

6º Par le produit des dispenses ;

7º Par les dons volontaires.

Article 65

Les taxes relatives aux produits de perception
indiqués dans les paragraphes 1, 2, 3, 5 et 6 de
l'article 64 sont fixées par un décret organique.

Article 66

Le montant de la redevance annuelle des Atel.·. indiquée au § 4 de l'article 64 sera perçu proportionnellement au nombre des Membres actifs de chaque Loge.

La quotité de la capitation sera fixée par la Grande Loge Symbolique chaque année.

Article 67

Toutes les formalités relatives à la délivrance des titres, constitutions, diplômes, etc., tous les moyens d'Administration et de comptabilité, seront déterminés par des décrets spéciaux.

Article 68

Une Loge a toujours le droit de se retirer de la Confédération.

Il faut pour cela que cette décision soit votée et la notification officielle signée par la moitié plus un des Membres inscrits au tableau de l'Atel.·. Elle pourra toujours reprendre sa place dans la Confédération.

Article 69

Dans le cas où une Loge quitte la Confédération, elle conserve ses archives, ses métaux, livres d'architecture, bannière, cordons et, en un mot, tout ce qui est sa propriété personnelle.

Cependant elle devra verser le montant total de sa redevance pour l'année commencée, cette somme ayant été comprise dans les prévisions budgétaires.

Elle devra également rembourser le montant total des dégrèvements qui lui auraient été accordés, à un titre quelconque, au cours des cinq dernières années.

Elle n'aura rien à réclamer des fonds collectifs qui pourront exister en caisse ou en réserve.

Article 70

Toute demande de modification aux Constitutions et Réglements formulée par un Député à la Grande Loge Symbolique, par un Atelier de la Confédération ou signée de sept Maçons actifs revêtus du grade de Maître est renvoyée à la Commission compétente qui l'examine ; les conclusions seront votées par la Grande Loge après trois délibérations, sauf le cas d'urgence.

RÈGLEMENT JUDICIAIRE

DE LA

GRANDE LOGE SYMBOLIQUE

DE FRANCE

TITRE PREMIER

Du Pouvoir judiciaire

Article premier

Le pouvoir judiciaire est exercé :

1º Par les Loges chargées de juger les manquements à la discipline intérieure et de faire l'instruction des demandes de mises en accusation, qui leur sont déposées par un Maç∴ régulier appartenant à la Confédération, ou qui leur sont transmises par la Com∴ Exéc∴ de la Gr∴ L∴ S∴ de Fr∴ ;

2º Par des Jurys composés des Délégués des Loges ;

3º Par une Chambre de Cassation composée de

Juges élus par la réunion des Dép∴ de la Gr∴ L∴ S∴ de Fr∴

TITRE II

De la Discipline intérieure des Ateliers
Des radiations pour défaut de Cotisations

Article 2

Les Ateliers connaissent souverainement et sans appel de toutes infractions à la discipline intérieure.

Article 3

Les Règlements particuliers de chaque Loge établissent à leur gré l'échelle des pénalités applicables en cas de contravention aux bienséances ou à l'ordre des travaux. Ils déterminent également les cas où le Vénérable a le droit de statuer seul et sous sa responsabilité, ainsi que ceux où l'Atelier doit être consulté pour l'application de la peine.

Article 4

Le Règlement particulier de chaque Atelier détermine les mesures à prendre contre ceux de ses Membres coupables de refus ou de défaut de paiement de cotisations. Aucune disposition ne pourra néanmoins être contraire au troisième paragraphe de l'article suivant.

Article 5

Toute radiation prononcée par un Atelier pour refus ou défaut de paiement de cotisations doit être portée à la connaissance du Secrétariat de la G∴ L∴ S∴ de F∴ qui, chaque trimestre, fera insérer au Bulletin officiel la liste des Maçons radiés pendant ce trimestre.

Un Membre rayé d'un Atelier pour défaut ou refus
de paiement de cotisations perd ses droits maçonniques
dans tous les autres Ateliers dont il peut faire partie.
Sa radiation est notifiée à toutes les Obédiences.

Il peut rentrer en possession de ses droits maçonniques en payant les cotisations dues à l'Atel.·. qui l'a
radié jusqu'au jour de son exclusion.

TITRE III

SECTION PREMIÈRE

Des Délits maçonniques et des Peines qui leur sont applicables. — Des Faillis

§ 1. — DES DÉLITS

Article 6

Les délits sont de deux classes.

La première classe comprend : l'intempérance, les
propos grossiers ou inconvenants tenus à haute voix,
l'insubordination maçonnique accompagnée de circonstances graves, les récidives fréquentes des contra-
ventions à la discipline intérieure.

La seconde classe comprend tout ce qui peut avilir
le Maçon ou la Maçonnerie, comme la violation des
serments maçonniques, la collation clandestine et le
trafic des grades, le préjudice volontaire porté à la
réputation et à la fortune d'autrui, enfin tout ce qui,
dans l'ordre social, est noté d'infamie.

§ 2. — DES PEINES

Article 7

Les délits de première classe sont punis de la suspension des droits et des fonctions maçonniques pour

un temps qui ne pourra être moindre d'un mois, ni dépasser trois ans.

Article 8

Les délits de la deuxième classe sont punis de la perte des droits et des honneurs maçonniques pour un temps qui ne pourra être moindre de trois ans. L'expulsion pourra même être prononcée d'une façon définitive.

Article 9

Les peines maçonniques applicables aux délits ne peuvent être infligées que par un jugement rendu suivant le présent Règlement.

§ 3. — DES FAILLIS

Article 10

Tout failli sera suspendu de plein droit de ses fonctions et immunités maçonniques, depuis le jour de la déclaration de sa faillite jusqu'à celui de l'homologation de son concordat ou de la constitution de ses créanciers en état d'union.

Dès que la situation légale du failli aura été réglée par les tribunaux compétents, l'Orat.·. de l'Atel.·. auquel il appartient devra déposer une plainte à laquelle il sera donné suite dans les formes ordinaires.

SECTION DEUXIÈME

De la plainte et de la Conciliation amicale

§ 1. — DE LA PLAINTE

Article 11

Tout Maç.·. rég.·. peut porter plainte contre un autre Maç.·. Membre ou non de son Atelier. Cette plainte doit être déposée dans le sac aux propositions de l'Atelier dont le Maçon inculpé fait partie. Les noms du plaignant et du F∴ inculpé ne sont pas prononcés par le Vén∴ de l'At∴.

Un Maç∴ dont les titres sont réguliers, mais ayant cessé d'être actif, qui commettrait un délit maçonnique pourra être poursuivi devant la Loge de l'Orient où le délit aura été commis, sur la plainte d'un Maç∴ régulier.

S'il existe plusieurs Loges dans cet Orient, l'instruction de l'affaire appartiendra au premier Atelier saisi de la plainte.

Dans le cas où il n'existerait pas de Loge dans l'Orient où le délit a été commis, la poursuite pourrait avoir lieu devant une des Loges voisines.

Toute plainte anonyme ou signée d'un faux nom sera à l'instant même brûlée entre les deux colonnes, sans qu'il en soit donné lecture.

Article 12

Dans le cas où le Vén∴ de la Loge se trouve être lui-même l'objet de l'inculpation, la plainte n'est recevable, si elle se produit à l'occasion de l'exercice de ses fonctions de Vén∴, qu'autant qu'elle est signée par cinq Membres de l'Atelier.

En toutes autres circonstances, il n'y a pas de dérogation au droit commun pour les plaintes portées contre les Vén∴ des Loges.

Cette plainte cachetée est remise par le ou les plaignants au F∴ premier Surveillant, ou à son défaut au F∴ deuxième Surveillant, et dans le cas de l'absence de l'un et de l'autre, au premier Expert, qui est tenu de la recevoir et d'y donner la suite qu'elle comporte conformément aux dispositions du présent Règlement.

Article 13

La plainte doit indiquer si elle est portée exclusivement dans l'intérêt général de la Maçonnerie compromise par des actes coupables, ou si elle est dictée uniquement par l'intérêt particulier du plaignant lésé dans son honneur ou dans sa fortune par l'inculpé.

Dans le premier cas, elle est soumise à une instruction amicale ; dans le deuxième cas, au préliminaire de la conciliation amicale.

§ 2. — DE L'INSTRUCTION AMICALE ET DE LA CONCILIATION AMICALE

Article 14

Lorsqu'il y a plainte soit d'intérêt général maçonnique, soit d'intérêt privé, le Vén.·. n'en donne pas immédiatement lecture à l'Atelier, mais au préalable il réunit à bref délai suivant le cas, soit en comité d'instruction amicale, soit en comité de conciliation amicale le premier et le deuxième Surveillants, l'Orateur et le Secrétaire, et convoque par plis chargés le ou les FF.·. plaignants, ainsi que le ou les FF.·. inculpés aux fins d'entendre sommairement les dires et défenses des parties en vue d'amener, s'il est possible, une conciliation entre les FF.·. en désaccord.

Si la plainte est portée contre une ou plusieurs des cinq premières lumières de la Loge, le Vén.·. ou celui qui en fait fonctions appelle au Comité d'instruction ou au Comité de conciliation suivant le cas, le premier Grand Expert et, s'il y a lieu, les plus anciens Maîtres actifs inscrits au tableau de la Loge pour compléter le Comité.

Si l'entente s'établit, la plainte d'intérêt privé est brûlée séance tenante et le procès-verbal de l'accord dressé par le Secrétaire du Comité de conciliation est immédiatement revêtu des signatures des Membres présents et de celle des FF∴ conciliés.

Expédition conforme de l'acte de conciliation est délivrée aux plaignants et inculpés, et transcription en est faite au registre des procès-verbaux sans qu'il en soit donné lecture en tenue, à moins que le ou les inculpés ne réclament cette lecture.

S'il n'y a pas conciliation, le Vén∴ se borne à mentionner au bas de la plainte que l'accord n'a pu s'établir.

Si la plainte d'intérêt général maçonnique est abandonnée, elle est également brûlée séance tenante et procès-verbal de non-lieu est immédiatement rédigé par le Secrétaire du Comité et aussitôt revêtu de la signature des Membres du Comité d'instruction présents. Expédition conforme du procès-verbal de non-lieu est délivré à le ou les inculpés et transcription en est faite au registre des procès-verbaux. Lecture en est donnée à la première tenue solennelle si le ou les FF∴ inculpés réclament cette lecture.

Le Comité d'instruction ou celui de conciliation ne pourra délibérer qu'autant qu'il y aura trois Membres présents.

TITRE IV

Du Jury fraternel et du Jugement

SECTION PREMIÈRE

JUGEMENT EN PREMIÈRE INSTANCE

Article 15

Dans la séance solennelle qui suit le constat de la non-conciliation amicale en cas de plainte d'intérêt privé ou le maintien de la plainte d'ordre général maçonnique, le Vén∴ ou celui qui le remplace en avise la Loge et il invite l'accusé à déclarer s'il accepte ou non le Jury tiré de sa Loge. Dans le cas de l'affirmative, il est procédé comme il est indiqué à l'article 16 et suivants.

Si l'accusé n'est pas présent, il est invité à répondre dans les quinze jours qui suivent; s'il ne répond pas, le Jury tiré de la Loge est de droit.

Si l'accusé récuse le Jury de sa propre Loge, le Vén∴ transmet la plainte à la Commission exécutive qui fait tirer au sort, en séance publique, la Loge dans le sein de laquelle le Jury doit être désigné par le sort, au même Orient. La Commission exécutive avise le Vén∴ de la Loge désignée, qui procède comme il est indiqué ci-dessous.

S'il y a, pour une même affaire ou pour des faits connexes, plusieurs accusés et s'il n'y a point unanimité parmi eux pour ou contre le Jury tiré de la Loge, ce Jury est de droit.

Article 16

Le Vén∴ de la Loge acceptée ou désignée fait procéder séance tenante au tirage au sort de sept Maîtres destinés à constituer le Jury fraternel chargé de statuer en premier ressort sur l'objet de la plainte.

Trois Jurés suppléants sont également tirés au sort pour suppléer aux vacances provenant d'excuses légitimes ou de maladie.

Dans le cas de récusation de un ou plusieurs noms de la part de l'accusé ou de l'accusateur, le Jury est complété par un nouveau tirage au sort. Dans le cas d'une nouvelle récusation, il est procédé à un troisième tirage au sort après lequel il est passé outre à toute réclamation.

Sont exclus du tirage au sort les FF.·. plaignants ou inculpés et les FF.·. qui ont constitué le Comité de conciliation amicale ou d'instruction amicale.

Article 17

Lorsque, pour un motif quelconque, en particulier l'insuffisance du nombre de Maîtres, il sera impossible de former un Jury régulier dans l'Atel.·. du F.·. inculpé, cet Atel.·. demandera à une L.·. affiliée ou voisine le nombre de Jurés nécessaires pour sa constitution régulière.

Article 18

Les sept Membres du Jury se réunissent dans le délai maximum de huit jours sur la convocation du Juré possédant depuis le plus longtemps le grade de Maître, pour procéder à l'élection d'un Président et d'un Secrétaire, qui devront l'un ou l'autre donner au Vén.·. ou à son représentant décharge du dossier de la plainte.

Article 19

Le Jury se réunit aussi souvent qu'il lui paraît nécessaire pour examiner les pièces du débat, entendre contradictoirement, ensemble ou séparément, le plaignant, l'inculpé et leurs défenseurs, ainsi que les témoins à charge ou à décharge. Procès-verbal doit être dressé de chaque interrogatoire et lecture en est donnée au déclarant, qui doit le signer séance tenante s'il l'approuve. Il sera fait mention du refus de signer et des motifs de ce refus.

Article 20

Le plaignant peut toujours retirer sa plainte tant que le Président du Jury n'a pas déclaré l'instruction close, à moins que le ou les FF.·. inculpés ne s'y opposent ou que le Jury ne déclare à la majorité absolue qu'il y a intérêt maçonnique à ce que la procédure suive son cours.

En cas de désistement, toutes les pièces maç.·. d'instruction du dossier, y compris la plainte, sont brûlées en présence des Jurés par leur Président et renvoi est fait au Vén.·. de l'Atel.·. du désistement du plaignant.

Les pièces profanes du procès sont rendues aux ayants droit ; mention est faite du dépôt aux archives de la Loge de l'inculpé de l'acte de désistement dans le procès-verbal de la séance où il en est donné lecture.

Si l'inculpé se présente sans défenseur, et si au cours de l'instruction il exprime le désir d'avoir un défenseur, il lui en est désigné un d'office.

Les défenseurs choisis par les parties ou nommés d'office doivent être des Maçons réguliers.

Tous les Maçons réguliers pourront assister aux séances du Jury.

Les FF.·. seront avisés du jour des réunions du Jury par une inscription au tableau du local et au siège de la Grande Loge Symb.·. Cet avis est notifié par le Secrétaire du Jury.

Article 21

Une fois l'instruction déclarée close par le Président du Jury, la plainte ne peut plus être retirée et, si la sentence du Jury la déclare calomnieuse, le plaignant peut, à la requête de l'inculpé primitif, être mis en jugement à son tour.

Article 22

La sentence du Jury est rendue à la majorité

absolue des voix, en comité secret, au scrutin nominal
et sans prépondérance de la voix du Président.

Elle se borne à répondre, sans abstention d'aucun
des Membres présents du Jury, aux cinq questions
suivantes :

1° Le F∴ N..., accusé d'un délit maçonnique
est-il coupable?

2° A quelle classe appartient ce délit?

3° Y a-t-il des circonstances atténuantes?

4° Quelle peine doit lui être appliquée?

5° Pendant quelle durée?

La présence de cinq Membres du Jury est nécessaire
pour la validité de la sentence.

Article 23

Dès que la sentence est rendue, le Président du
Jury en donne avis au Vén∴ de la L∴, qui en fait
mettre la lecture à l'ordre du jour sur la planche de
convocation à la plus prochaine tenue solennelle.

Article 24

Le jour venu, le Secrétaire du Jury donne lecture
à la Loge d'un rapport sommaire relatant les faits de
la plainte et les dires contradictoires des parties. Puis
un Délégué du Jury donne lecture de la sentence et
dépose le dossier de l'affaire sur le bureau du Vén∴,
qui fait constater au procès-verbal cette remise et
annonce que communication des pièces pourra être
prise par tout F∴ de l'Atelier, sans déplacement.
Acte est donné sans débats par le Vén∴ de l'Atel∴
au Délégué du Jury.

Article 25

Tout F∴ inculpé demeure en possession de ses

droits maçonniques jusqu'au jour du prononcé du jugement qui le condamne.

Article 26

Tout jugement signé des Membres du Jury doit être notifié par pli chargé, dans un délai de dix jours, au F∴ qui en a été l'objet.

Copie conforme de tout jugement doit être adressée, dans les dix jours, à la Commis∴ Exécut∴ et conservée dans les archives de la Gr∴ L∴ S∴ de Fr∴

SECTION DEUXIÈME

DU JURY D'APPEL

Article 27

Le F∴ condamné en premier ressort aura un délai d'un mois pour la France, de trois mois pour l'Algérie, la Tunisie et l'Europe et de six mois pour les autres pays d'outre-mer, à partir de la date de la signification, pour se pourvoir en appel.

Le plaignant aura également le droit d'appel. Il pourra l'exercer dans les mêmes délais que l'accusé à partir du prononcé du jugement, soit après acquittement, soit après condamnation pour appel à minima.

L'Orateur de la Loge à laquelle appartient le Jury peut déférer le jugement à la Cour de cassation, mais seulement dans le cas où la décision ou l'instruction de l'affaire renferme quelque infraction aux lois et constitutions de la confédération.

Tout pourvoi doit être adressé directement à la Commis∴ Exécut∴ de la Gr∴ L∴ S∴ de Fr∴

Article 28

La déclaration d'appel suspend de droit l'exécution

de toute décision; mais le F∴ condamné demeure en
état d'interdiction maçonnique jusqu'à ce qu'il ait été
statué définitivement sur cet appel.

Article 29

Dans le cas d'appel, l'At∴ est tenu de transmettre
à la Commis∴ Exécut∴ toutes les pièces relatives
à l'affaire objet de cet appel. Il est donné décharge de
cette remise au Vén∴

Article 30

Le Jury d'appel est composé de Délégués spéciaux
pris parmi les Maîtres élus chaque année par les Loges
à raison de cinq par Loge.

Les Délégués ne sont appelés à siéger que dans le
territoire ressortissant de l'Orient auquel ils appartiennent.

Article 31

Dès qu'un appel a été interjeté, un Membre de la
Commis∴ Exécut∴, s'il s'agit de l'Orient de Paris, ou
un représentant désigné par elle, s'il s'agit d'un Orient
de la province ou de l'étranger, convoque par plis
chargés les FF∴ plaignants et inculpés et tire au sort
devant eux sept Délégués pris parmi ceux de l'Orient
habité par l'inculpé.

Trois Jurés suppléants sont également tirés au sort
pour suppléer aux vacances provenant d'excuses légitimes ou de maladie.

Dans le cas de récusation de un ou plusieurs Délégués, le Jury est complété par un nouveau tirage au
sort. Dans le cas d'une nouvelle récusation il est procédé à un troisième tirage au sort, après lequel il est
passé outre à toute réclamation.

Sont exclus du tirage au sort les Délégués des Loges dont font partie les FF.˙. plaignants et inculpés.

Article 32

Lorsque pour un motif quelconque, en particulier l'insuffisance du nombre des Loges, il sera impossible de former un Jury régulier dans l'Orient habité par le F.˙. inculpé, le Jury sera pris dans l'Orient le plus voisin, permettant sa constitution régulière.

Dans ce cas, les FF.˙. plaignants et inculpés et les FF.˙. témoins pourront faire parvenir par écrit leurs déclarations ou leurs témoignages.

Ces pièces écrites devront toujours être certifiées conformes par le Vén.˙. de la Loge dont fait partie le F.˙. de qui émane la déclaration ou le témoignage.

Article 33

La Gr.˙. L.˙. S.˙. de Fr.˙. répartira par une délibération spéciale, dans les différents Orients, les Loges faisant partie de la Confédération.

Article 34

Le Jury d'appel une fois constitué recevra, sur la décharge de son Président, par les soins de la Com.˙. Exécut.˙., le dossier complet du jugement et de la procédure qui l'a préparé.

Il ne peut être produit de faits nouveaux devant le Jury d'appel.

Ce Jury fonctionnera exactement comme le Jury du premier degré ; la sentence et le prononcé de l'arrêt définitif donneront lieu à l'accomplissement des mêmes formalités.

Article 35

Tout maçon désigné par le sort pour remplir les

fonctions de Juré fraternel ou d'appel ne peut, sans excuses valables, se récuser ni manquer aux convocations du F∴ présidant le Jury dont il est Membre.

Les Présidents de Jurys devront, par les soins des Secrétaires, faire convoquer par plis recommandés, à toutes les séances, les Jurés titulaires et les Jurés suppléants, afin d'assurer le fonctionnement du Jury et la rapidité de ses délibérations.

Les sentences des Jurys devront mentionner les noms des Maçons qui les auront prononcées et faire mention du nom de ceux qui, appelés par le sort à faire partie de leur composition, se seront soustraits à ce devoir maçonnique, sans excuse reconnue valable par la majorité des Membres du Jury ayant pris part à la rédaction de la sentence.

TITRE V

Chambre de Cassation

Article 36

Les jugements rendus en premier et en deuxième ressorts peuvent être déférés à la Chambre de cassation pour vice de forme, fausse interprétation de la loi ou obstacle apporté à la défense.

Les pourvois en cassation doivent être adressés à la Commis∴ Exécut∴ dans les mêmes délais que ceux prescrits pour l'appel.

En cas de cassation, l'affaire est renvoyée devant une Loge désignée par la voie du tirage au sort.

Article 37

La Chambre de Cassation se compose de neuf Juges élus pour trois ans au scrutin secret par la Gr∴ L∴

S∴ de Fr∴ et renouvelables par tiers. Cette élection est faite à la séance où il est procédé à la nomination des Membres de la Commis∴ Exécut∴ Les Membres de la Commis∴ Exécut∴ et le Président de la Gr∴ L∴ S∴ de Fr∴ ne sont pas éligibles.

Pourra être élu, tout Maçon actif âgé d'au moins trente ans et possédant le grade de Maître depuis cinq ans au moins.

Les Membres de la Chambre de Cassation ne peuvent faire partie d'un Jury d'instance ou d'appel. Ils ne peuvent non plus accepter le rôle de défenseur.

Article 38

La Chambre de Cassation élit chaque année son Président et son Secrétaire.

Elle siège à Paris, au local de la Gr∴ L∴ S∴ de Fr∴, le premier mardi des mois de mars, juillet, octobre et décembre.

Elle se réunit en session extraordinaire quand les besoins du service l'exigent.

TITRE VI

Publicité

Article 39

Dans le mois de notification à la Comm∴ Exéc∴ et par ses soins, copies certifiées conformes des arrêts du Jury ou des jugements de cassation seront transmises au Gérant du *Bulletin maçonnique*, pour y être insérées à la partie officielle dans le plus prochain numéro, après expiration des délais de pourvois.

PARIS, IMP∴ DAUBOURG, 99, BOULEVARD BEAUMARCHAIS

PARIS

IMP.·. DAUBOURG, 99, BOULEVARD BEAUMARCHAIS